11 Décembre 1906

marqué P

VENTE

Du 11 Décembre 1906

HOTEL DROUOT — SALLE N° 8

A 2 HEURES

TABLEAUX ANCIENS & MODERNES

Aquarelles, Dessins

GRAVURES

COMMISSAIRE-PRISEUR

Mᵉ GASTON FRANÇOIS

23 - Rue Le Peletier - 23

EXPERT

M. FÉRAL

7 — Rue St-Georges — 7

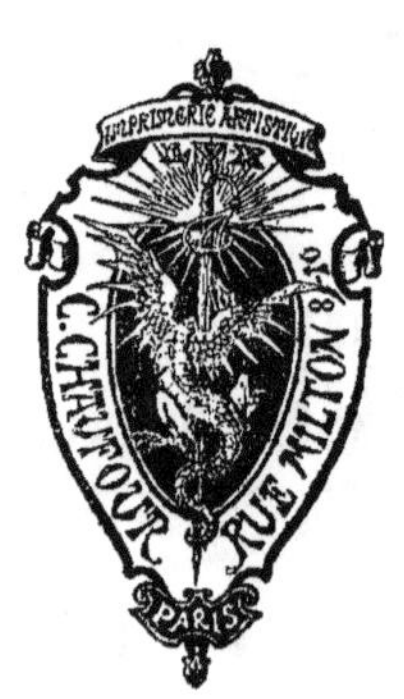

CATALOGUE

DE

Tableaux Anciens et Modernes
AQUARELLES, DESSINS
Gravures

PAR

J.-L. Brown, C. de Cock, Giacometti, Gryf, Horemans
Lanfant de Metz, Ledieu
Monginot, Noterman, J. Ouvrié, Schoevaerdts
Senave, Stella, Wauters, etc., etc.

Appartenant à Madame V***

ET DES

TABLEAUX ANCIENS ET MODERNES

PAR

Beschey, Drolling, Giordano, Herrera, Poelembourg
Raoux, A. Scheffer, Subleyras, etc., etc.

COMPOSANT LA COLLECTION D'UN AMATEUR

DONT LA VENTE AURA LIEU

Hôtel Drouot — Salle n° 8
Le Mardi 11 Décembre 1906, à deux heures

Mᵉ Gaston FRANÇOIS COMMISSAIRE-PRISEUR *23, Rue Le Peletier, 23*	**M. FÉRAL** EXPERT *7, Rue Saint-Georges, 7*

EXPOSITION PUBLIQUE
Le Lundi 10 Décembre 1906, de 1 h. 1/2 à 5 h. 1/2

CONDITIONS DE LA VENTE

Elle sera faite expressément au comptant.

Les acquéreurs paieront 10 0/0 en sus des en-
chères.

L'exposition mettant le public à même de se rendre
compte de l'état des objets, il ne sera admis aucune
réclamation une fois l'adjudication prononcée.

DESIGNATION

Collection de Madame V···

AQUARELLES — DESSINS
GRAVURES

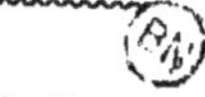

DELARUE (Louis-Félix)

1 — Le massacre des Innocents.

Dessin au lavis d'encre de Chine.
Signé et daté 1757.

DIAZ (Genre de)

2 — Jeune femme portant une fillette sur ses genoux.

Pastel.

LHULLIER (Ch.)

3 — Soldat et ménagère.

Aquarelle gouachée.
Signée et datée 1878.

OUVRIÉ (Justin)

4 — Vue de Venise.

Aquarelle.
Signée et datée 1883.

SOCLET (Arthur

5 — Vue de Montivilliers.

Aquarelle.
Signée et datée 1879.

VAUTHIER

Deux pendants.

6 — Vue du Havre.

7 — Le quai de la Gare à Paris.

Aquarelles signées.

BENEZECH

8 — Portrait d'homme ; Plaquette bronze.

ÉCOLE FRANÇAISE

9 — Le naufrage.

Dessin au bistre.

10 — Cinq gravures encadrées.

TABLEAUX

ANCIENS ET MODERNES

ATTENDU

11 — Un plat de cerises.

Signé et daté 75.

BAUGNIES (E.)

12 — Les marchands turcs.

Signé à droite.

BRAUWER (D'après)

13 — Scènes de cabaret.

Deux pendants.

BROWN (John-Lewis)

14 — L'Abreuvoir.

COCK (Cé·ar de)

15 — L'Abreuvoir.

Signé et daté 1873.

COURT

16 — Le député Dupin à la tribune de la Cham-
bre.

DIAZ (Genre de)

17 — Personnages sous bois.

DUMONTEL (S.)

18 — Bateaux de pêche en perdition.

Signé à gauche.

FOULARD

19 — Portrait d'homme.

Signé à gauche.

FLEURY (A)

20 — Entrée de port.

Signé et daté 82.

GÉRICAULT (Attribué à)

21 — Portrait équestre d'un officier.

GIACOMETTI

22 — Fête en plein air.

Signé et daté 1880.

GREUZE (D'après)

23 — L'enfant blond.

GRYF

24 — Chiens et gibier.

HOGARTH (Attribué à)

25 — La leçon de dessin.

HOREMANS (Jean)

26 — Le verre de vin.

ISABEY (Genre de)

27 — Bateau de pêche.

Esquisse.

LANFANT DE METZ

28 — Le jardin public.

Signé à droite.

LANFANT DE METZ

29 — Enfants, fruits et fleurs.
Deux pendants.
Signés.

LEDIEU

175

30 — Le départ pour la chasse,

31 — La chasse à cheval.
Deux pendants.

LÉPICIÉ (Attribué à)

150

32 — Portrait de jeune garçon.

LHULLIER (Ch.)

33 — Défilé dans une ville.

34 — Jeune femme coiffée d'un voile vert.
Signé à gauche.

35 — Festin champêtre.
Signé à gauche.

36 — La soupe du tambour.
Signé et daté 1885.

37 — Joueurs de cornemuse.

38 — La salle à manger.

3g — Environ du Havre.
Signé et daté 1882.

MAZZAROLLI (F.)

40 — La marchande de fruits.
Signé à gauche.

MONGINOT

41 — Portrait de femme coiffée d'un bonnet.
Signé à droite.

MONNOYER (Attribué à)

42 — Corbeille de fleurs.

NOTERMAN (Zacharie)

43 — Le chien et l'abeille.
Signé à gauche.

OUVRIÉ (Justin)

44 — Vue d'une ville hollandaise.
Signé à droite.

REMBRANDT (D'après)

45 — Portrait présumé du maître.

RICHOMME (Jules)

46 — Fillette et sa poupée.

Signé à droite.

RIOU (Edouard)

47 — Entrée du canal de Suez.

Signé à gauche.

SCHŒVAERDTS

200 48-49 — Paysages animés de figures.

Deux pendants.

SENAVE (Jacques)

200 50 — Villageois devant une auberge.

STELLA (Jacques)

325 51 — La Sainte Famille.

Cadre en bois sculpté.

THOREN (Otto de)

52 — Berger poussant des bœufs sur une route.

Signé à gauche.

TROUPEAU (Ferdinand)

155 53 — Camélias dans un vase.

Signé et daté 1885.

VANAISE

54 — Eplorée.

Signée et datée 1886.

VELASQUEZ (Genre de)

55 — Le départ des cavaliers.

VERLAT (D'après Charles)

56 — Chat blanc sur un coussin rouge.

VERSTRAETE (Th.)

245 57 — Vue d'un marais.

Signé à gauche.

WATTEAU (D'après)

58 — Fête dans un parc.

WAUTERS (C.)

125 59 — Bord de rivière.

Signé à gauche.

ECOLE ANGLAISE

106 60 — Portrait de gentilhomme en buste.

ECOLE ESPAGNOLE

61-62 — Portraits de fillettes.

Deux pendants.

ECOLE FRANÇAISE

63 — Episode de la Révolution.

64 — Cavalier dans un paysage.

65 — Sujet galant.

66 — Baigneuse au repos.

255 67 — Soldats et personnages dans un port de guerre.

Signé E. H... I. S. 1804.

ECOLE HOLLANDAISE

165 68 — Intérieur d'école.

ECOLE ITALIENNE

69 — Tête d'ange.

ECOLE MODERNE

70 — Portrait de femme coiffée d'un madras.

71 — Le petit berger.

72 — Paysage avec chaumières.
Effet de soleil couchant.

73 — Buste d'homme de profil à gauche.

ECOLE VENITIENNE

74 — Composition allégorique.

COLLECTION D'UN AMATEUR

TABLEAUX ANCIENS ET

MODERNES

BERGHEM (Attribué à Nicolas)

75 — Les Dieux présidant à la fondation de la
nouvelle ville d'Amsterdam.

BESCHEY

76 — Le départ pour la guerre.
Peinture sur cuivre d'après Rubens.

BOUCHER (D'après)

77 — Faune et nymphe.

Cadre bois sculpté.

CASTIGLIONE

78 — Départ de Jacob.

Peinture sur bois.

CANTARELLI

79 — Intérieur de temple.

CERQUOZZI

80 — Fruits et légumes.

DAVID (Attribué à)

81 — Portrait de jeune garçon en costume rouge.

DOLCI (Attribué à CARLO)

82 — Martyre de sainte Avoye.

DROLLING

83 — Intérieur de cuisine.

FRANCK (Attribué à)

84 — Suzanne et les vieillards.

GARNERAY (Attribué à)

85 — Marine; effet de clair de lune.

GIORDANO

86 — L'enlèvement des Sabines.

GUARDI (Genre de)

87 — Carnaval de Venise.

HEEM (Attribué à David de)

88 — Fruits, vidrocome et objets divers

HERRERA

89 — Fruits sur une table.

JEAURAT (D'après)

90 — Les amants surpris.

Cadre en bois sculpté.

LANCRET (D'après)

206 91 — La partie de cartes.

Cadre en bois sculpté.

LAURI (Attribué à FRANÇOIS)

92 — Madeleine pénitente.

MARATTA (CARLO)

165 93 — Portrait de femme.

Cadre en bois sculpté.

MEULEN (Attribué à VAN DER)

94 — Portrait d'un officier.

OOST (Attribué à VAN)

95 — Madeleine.

POELENBURG

96 — Nymphes surprises par un satyre.

POURBUS (Ecole de)

200 97 — Portrait d'homme à collerette.

RAOUX

300 98 — Jeune femme coiffée d'un turban.

RUBENS (École de)

160 99 — La chasse aux lions.

100 — Judith et Holopherne.

RUYSDAEL (Genre de)

101 — Paysage avec cours d'eau.

SANTERRE (D'après)

102 — Jeune fille en buste.

SCHEFFER (Ary)

103 — Le roi David.

SUBLEYRAS

160 104 — L'Assomption.

TOURNIÈRES (Attribué à Robert)

205 105 — Jeune femme dans un riche intérieur.
Cadre bois sculpté.

VERBOECKHOVEN (Louis)

106 — Marine avec bateaux de pêche.

VERNET (D'après Joseph)

107 — Les pêcheurs.

ECOLE FLAMANDE

108 — Le Jugement dernier.

Dessin à l'encre deChine.

ECOLE FRANÇAISE

109 — Trompe l'œil.

110 — Portrait en pied d'un gouverneur.

111 — Tête de jeune femme.

Cadre bois sculpté.

112 — Jeune abbé.

113 — Jeune homme en costume rouge.

ECOLE HOLLANDAISE

114 — Moine et vieillard.

Panneau sur bois.
Signé A. R.

115 — La Prisonnière.

ECOLE ITALIENNE

116 — Amour tenant un arc.

ECOLE MODERNE

117 — Femme tenant une montre.

Pastel.